ANALISI DEL LIBRO

AF126353

Cime tempestose

· · · · · · · · · · · · · · · · ·

EMILY BRONTË

ANALISI DEL LIBRO

Scritto da Natalia Torres Behar
Tradotto da Sara Rossi

Cime tempestose

EMILY BRONTË

EMILY BRONTË

SCRITTRICE E POETA INGLESE

- **Nata nello Yorkshire nel 1818**
- **Morta nello Yorkshire nel 1848**
- **Opere degne di nota:**
  - *Cime tempestose* (1847), romanzo
  - *Poesie di Currer, Ellis e Acton Bell* (1846), antologia poetica (pubblicata insieme alle sorelle Anne e Charlotte sotto pseudonimi maschili)

Emily Brontë è una delle più famose scrittrici inglesi del XIX secolo, ma della sua vita privata si sa molto poco. Tutti i resoconti superstiti della sua vita sono avvolti da un certo grado di mistero e contengono una serie di lacune, poiché condusse una vita piuttosto solitaria come risultato della sua innata timidezza e delle sue tendenze solitarie. La madre e due delle sue sorelle maggiori morirono quando lei era molto giovane e, poiché la causa della morte delle sorelle era la tubercolosi, che avevano contratto a scuola, Emily e gli altri fratelli furono ritirati dalla scuola ed educati a casa per il resto della loro giovinezza.

La casa dei Brontë era una casa isolata e solitaria, e i fratelli non avevano quasi nessun contatto con altre persone oltre al padre e alla zia. Questo significava che dovevano imparare a intrattenersi da soli e passavano la maggior parte del tempo a inventare e scrivere storie su regni immaginari. Alcuni di questi manoscritti sono sopravvissuti fino ai giorni nostri e sono considerati i precursori dello stile letterario che avrebbe caratterizzato le opere successive delle tre sorelle, dato che anche Anne e Charlotte Brontë divennero scrittrici famose, con il romanzo *Jane Eyre* (1847) di quest'ultima che ebbe particolare successo.

Emily morì di tubercolosi all'età di 30 anni. Oggi si sa molto poco di lei, a parte ciò che scrisse di lei la sorella maggiore Charlotte.

 ## LO SAPEVATE?

Inizialmente Emily e le sue sorelle dovettero pubblicare le loro opere con pseudonimi maschili, perché a quei tempi la scrittura non era vista come una professione tipica o appropriata per una donna. *Cime tempestose* fu quindi inizialmente pubblicato con il nome di Ellis Bell.

CIME TEMPESTOSE

L'AMORE INCROCIATO NELLA BRUGHIERA SELVAGGIA

- **Genere:** romanzo realista/romantico
- **Edizione di riferimento:** Brontë, E. (1992) *Cime tempestose*. Ware: Wordsworth.
- **1ª edizione:** 1847
- **Temi:** simbolismo, relazioni burrascose, dualità

Cime tempestose racconta la storia di due individui il cui amore reciproco è destinato a finire in tragedia a causa di circostanze che sfuggono al loro controllo. La storia inizia quando un giovane di nome Lockwood, che ha affittato una casa chiamata Thrushcross Grange, va a trovare il suo padrone di casa Heathcliff, che vive nelle vicinanze in un luogo chiamato Cime Tempestose. Il comportamento estremamente guardingo di Heathcliff risveglia la curiosità di Lockwood, che rimane affascinato da quest'uomo selvaggio, rozzo e misterioso. Chiede quindi alla sua governante, Ellen Dean, cosa sa di Heathcliff; lei lo conosce bene e comincia a raccontare tutto ciò che sa sui rapporti di Heathcliff con gli Earnshaw e i Linton, le due famiglie che erano proprietarie di Thrushcross Grange e Cime Tempestose.

SINTESI

IL TROVATELLO

Un giorno, il signor Earnshaw, proprietario di Cime Tempestose, porta a casa un giovane ragazzo dalla pelle scura di nome Heathcliff. Il signor Earnshaw lo ha adottato e intende crescerlo insieme agli altri due figli, Hindley e Catherine. Inizialmente, questi fratelli dai capelli biondi e dalla pelle chiara non vedono di buon occhio l'intruso in mezzo a loro, ma alla fine Catherine si addolcisce con lui.

Anche dopo che Heathcliff e Catherine diventano amici, Hindley – il maggiore dei due – non accetta mai il fratello adottivo e ne deride costantemente l'aspetto, le origini e il comportamento semi-ferino. Heathcliff sopporta al meglio le angherie di Hindley e cerca conforto nella nascente amicizia con Catherine. Trascorrono insieme la maggior parte dell'infanzia e creano un legame estremamente forte che si rafforza quando Hindley parte per l'università, lasciando i due bambini più piccoli liberi di trascorrere il loro tempo insieme senza alcuna preoccupazione.

Tuttavia, questa tranquillità viene sconvolta quando il signor Earnshaw muore e Hindley, ormai laureato, torna a Cime Tempestose. Ha sposato una donna di nome Frances e tutto ciò che desidera è rivendicare il suo posto di legittimo signore e padrone della sua casa ancestrale.

Hindley permette a Heathcliff di rimanere a Cime Tempestose solo come servo e continua a maltrattarlo con il passare degli anni. Inoltre, il comportamento di Hindley nei confronti di Catherine è a dir poco tirannico e la giovane donna lo trova insopportabile; di conseguenza, è sempre più attratta da Heathcliff, che vede come un alleato.

CAMBIAMENTI

Una notte, Catherine e Heathcliff decidono di andare a Thrushcross Grange per spiare Edgar e Isabella Linton, due bambini ricchi e viziati che vivono lì. Mentre cercano di andarsene, Catherine viene morsa da un cane ed è costretta a rimanere con i Linton a Thrushcross Grange per riprendersi, mentre Heathcliff viene rimandato a Cime Tempestose.

Mentre Heathcliff si sente in lutto senza Catherine al suo fianco, i Linton si affezionano a lei, in particolare Edgar, che ritiene che la ragazza stia sprecando il suo potenziale. Decide quindi di trasformarla da ragazza selvaggia e impulsiva in una pudica ed elegante signorina. Heathcliff la riconosce a malapena quando torna a Cime Tempestose e questa nuova Catherine si sente un'estranea per lui.

Nel frattempo, Frances ha un figlio di nome Hareton, ma muore durante il parto. Hindley non riesce a legare con il figlio, che vede come un debole, e scende nell'alcolismo. Inoltre, diventa ancora più aggressivo nei confronti di Heathcliff, come sfogo per tutta la sua rabbia e frustrazione, ora che la moglie non è più presente per moderare i suoi scatti d'ira. Diventa così scostante che i suoi abusi e il suo alcolismo iniziano a colpire tutti gli abitanti della casa.

Catherine si rende conto che Edgar Linton si è innamorato di lei, ma confida alla governante che, anche se non è più legata a Heathcliff come un tempo, il suo cuore appartiene a lui. Tuttavia, riconosce anche che non potrebbe vivere con lui senza abbassare la sua posizione, e questa è l'unica parte della conversazione che Heathcliff ascolta. Egli è profondamente ferito e decide di lasciare Cime Tempestose.

TRAMA DI VENDETTA

Heathcliff non torna per altri tre anni, che trascorre facendo fortuna con loschi affari. Separata dal suo vero amore, Catherine decide di sposare Edgar Linton e si trasferisce a Thrushcross Grange.

Heathcliff torna a Cime Tempestose, forte della sua nuova ricchezza ma consumato dal risentimento e spinto dalla determinazione a raggiungere un obiettivo particolare: la completa distruzione di Hindley, il cui alcolismo lo ha lasciato in uno stato di assoluta miseria. Progetta di ingannare Hindley per fargli accumulare grossi debiti di gioco, in modo che non abbia altra scelta che ipotecare la proprietà ereditata dal padre; in questo modo Heathcliff potrà acquistarla a un prezzo molto più basso e sottrarre tutto al suo più grande nemico. Tuttavia, non si accontenta di rovinare la vita del maggiore degli Earnshaw: vuole anche vendicarsi di Edgar Linton acquistando Thrushcross Grange.

Una volta messo in atto il suo piano, Heathcliff rivela un lato diverso della sua personalità: un personaggio più crudele e oscuro, che non si fa scrupoli a calpestare chiunque lo ostacoli nel perseguire i suoi obiettivi. In breve tempo, ha successo: Hindley perde Cime Tempestose e Heathcliff la compra. Fa anche frequenti visite a Catherine a Thrushcross Grange, ma Edgar lo tratta come un paria e gli fa capire che non è il benvenuto. Heathcliff decide quindi di vendicarsi di Edgar seducendo Isabella Linton e alla fine la sposa, nonostante la disprezzi segretamente, perché solo così potrà mettere le mani sulla proprietà dei Linton.

Dopo il matrimonio di Heathcliff e Isabella, l'astio tra lui ed Edgar raggiunge il punto di ebollizione, lasciando Catherine così angosciata da ammalarsi.

La salute di Catherine si deteriora ulteriormente e la governante Ellen fa in modo che Heathcliff la visiti in segreto un'ultima volta; poche ore dopo, la donna muore dando alla luce una figlia. Edgar chiama la bambina Cathy, come la madre, e la cresce nella totale ignoranza dell'esistenza di Cime Tempestose e del suo proprietario.

Nel frattempo, l'alcolismo di Hindley lo conduce a una morte prematura e Heathcliff diventa il tutore di suo figlio Hareton e il proprietario legale di Cime Tempestose. Per vendicarsi di tutte le umiliazioni subite per mano di Hindley, Heathcliff rifiuta di far studiare Hareton e lo tratta come un servo.

La morte di Catherine ha reso Isabella infelice e non è più in grado di sopportare l'irascibilità e la mancanza di affetto di Heathcliff nei suoi confronti. Parte per Londra, dove dà alla luce un figlio malaticcio di nome Linton.

UNA QUESTIONE DI EREDITÀ

Edgar riesce a tenere Cathy confinata a Thrushcross Grange per 13 anni, ma la giovane è molto curiosa dei dintorni e ha un forte desiderio di esplorare le brughiere intorno alla sua casa. Un giorno riesce a fuggire e finisce a Cime Tempestose, dove incontra Hareton, che però considera rozzo e incivile. Edgar la costringe a tornare alla grange e la avverte di non lasciare più la casa senza il suo permesso.

Quando Isabella muore, Edgar prende in custodia il nipote Linton e lo porta a vivere a Thrushcross Grange. Tuttavia, Heathcliff insiste sul fatto che, in quanto padre, dovrebbe avere la custodia del ragazzo, anche se il figlio non lo ha mai incontrato.

Un giorno Cathy incontra Linton e inizia a scambiarsi lettere d'amore con lui. Quando Heathcliff viene a conoscenza di questa situazione, incoraggia la nascente storia d'amore tra i due e agisce alle spalle di Edgar per aiutarli a conoscersi meglio. Un giorno invita Cathy a Cime Tempestose e la costringe a sposare Linton per rafforzare le proprie pretese su Thrushcross Grange.

Edgar e Linton muoiono entrambi poco dopo e Heathcliff costringe Cathy a trasferirsi a Cime Tempestose per lavorare per lui. Questo gli permette di diventare il proprietario legale di Thrushcross Grange.

RITORNO AL PRESENTE

Dopo aver ascoltato l'intera storia, raccontatagli dalla governante Ellen Dean, Lockwood è troppo disgustato da tutto ciò che è accaduto a Thrushcross Grange per continuare a vivere lì e decide di tornare in città.

Alla fine, però, Lockwood torna a Cime Tempestose, dove assiste ai primi germogli di amicizia tra Cathy e Hareton, il figlio di Hindley e Frances. Cathy inizia a insegnargli a leggere, e a poco a poco i due si innamorano e decidono di sposarsi. Heathcliff è talmente consumato dalla rabbia, dal dolore e dal disperato desiderio di ricongiungersi con l'amata Catherine che non si accorge nemmeno della storia d'amore che si sta accendendo tra i due giovani proprio sotto il suo naso e muore solo, con il fantasma di Catherine come unica compagnia.

 ## ISPIRAZIONE VICINO A CASA

Mentre scriveva parte del romanzo, Emily Brontë trascorreva molto tempo a prendersi cura del fratello Branwell, che soffriva di alcolismo e alla fine ne morì. Questo ha portato alcuni critici a ipotizzare che alcuni tratti della personalità dei personaggi siano stati ispirati dal suo comportamento irregolare.

STUDIO DEL CARATTERE

Il nome del romanzo riecheggia alcune personalità dei personaggi, poiché le parole "Cime tempestose" richiamano un tipo di immaginario molto specifico: terreni selvaggi e impervi, brughiere spazzate dal vento e giornate cupe e piovose. Inoltre, i personaggi della Brontë sono contraddittori ed enigmatici e spesso oscillano tra l'impulsività selvaggia e la logica fredda e calcolatrice.

HEATHCLIFF

Heathcliff ha una carnagione scura, occhi scuri e capelli neri e ricci. Sebbene il padre adottivo lo ami immediatamente, il fratello adottivo lo rifiuta a causa del suo aspetto fisico e il resto della famiglia è sospettoso nei suoi confronti a causa delle sue origini e del suo aspetto diverso.

La sua personalità è complessa e contraddittoria; sebbene a volte si lasci controllare dall'intensità delle sue emozioni, può anche agire in modo freddo e calcolatore e ideare piani elaborati e strategici per portare avanti le sue ambizioni. Le avversità subite hanno un impatto duraturo su di lui, trasformandolo da ragazzo sensibile a uomo indolente, avido, calcolatore e crudele.

Non riesce mai a stare con Catherine, l'amore della sua vita, e la sua morte lo fa sprofondare ancora di più negli abissi dell'amarezza e della disperazione. La stanchezza e il dolore lo spingono a rovinare la vita di tutti coloro che lo circondano. Catherine conosce molto bene il suo lato oscuro e le sue cattive intenzioni:

> *"Nelly, aiutami a convincerla della sua follia. Dille che cos'è Heathcliff: una creatura non reclamata, senza raffinatezza, senza coltura: un'arida selva di foraggio e di pietra bianca. Non mi piacerebbe mettere quel piccolo canarino nel parco in un giorno d'inverno, piuttosto che raccomandarti di concedergli il tuo cuore! È la deplorevole ignoranza del suo carattere, bambina, e nient'altro, a farti venire in mente quel sogno. Di grazia, non immaginare che sotto un'apparenza severa nasconda profondità di benevolenza e affetto!" (p. 74).*

CATHERINE EARNSHAW

Catherine è una ragazza bionda e dalla pelle chiara che diventa una bella donna. È un po' arrogante e all'inizio diffida del ragazzo che il padre porta a casa, ma in seguito arriverà a considerarlo il suo più caro amico e confidente.

È anche piuttosto viziata, capricciosa e superficiale e si preoccupa molto di ciò che gli altri pensano di lei. Sembra sempre piena di energia, almeno fino a quando non si ammala, e ha la capacità di tirarsi fuori dalle situazioni difficili con grazia e compostezza.

Heathcliff è l'amore della sua vita, ma lei sposa Edgar Linton a causa del suo orgoglio, del dispetto e della paura di perdere il suo status sociale.

EDGAR LINTON

Edgar è l'erede di Thrushcross Grange. È un giovane colto e aristocratico, profondamente innamorato di Catherine. Ha una figlia con lei e la tratta con molta tenerezza, ma non vede di buon occhio Heathcliff, anche perché ritiene che la sua relazione con la moglie sia inappropriata.

Ama sua figlia e vuole il meglio per lei, ma questo lo spinge a diventare iperprotettivo nei suoi confronti. Tiene gli altri e se stesso a standard estremamente elevati.

HINDLEY EARNSHAW

Hindley è il fratello maggiore di Catherine ed è un uomo insensibile e crudele. Odia Heathcliff perché è geloso dell'affetto dimostratogli dal padre e lo tratta molto male. Questo dimostra che è un tiranno che manca totalmente di compassione e che si diverte a umiliare le persone più deboli di lui.

Dopo la morte della moglie, diventa ancora più irascibile e sperpera tutto il suo denaro in alcol e gioco d'azzardo. Con il suo egoismo e i suoi abusi allontana tutti gli altri personaggi e muore da solo.

ISABELLA LINTON

Isabella è la sorella di Edgar e in seguito sposerà Heathcliff. È una donna riservata e ben educata, una moglie sottomessa che non è in grado di resistere all'aggressività del marito e alla fine scappa da lui mentre è incinta del loro figlio. Come Catherine, è piuttosto ostinata e capricciosa, il che la porta a sposare il più grande nemico del fratello, nonostante lui la metta in guardia da questo matrimonio.

ELLEN "NELLY" DEAN

Quando Lockwood arriva a Thrushcross Grange, è Ellen a raccontargli tutta la storia del suo nuovo alloggio. È una donna premurosa e affettuosa, cresciuta con Catherine, Heathcliff e Hindley, che in seguito diventerà la governante di Thrushcross Grange. Mostra anche una grande sensibilità ed è molto comprensiva.

LOCKWOOD

Lockwood è il nuovo inquilino di Thrushcross Grange. È un giovane osservatore con una mente curiosa che si descrive come un introverso e inizialmente crede di aver trovato una sorta di spirito affine nella natura riservata e ostile di Heathcliff. Tuttavia, dopo aver ascoltato tutta la storia del padrone di casa, ne rimane disgustato.

HARETON EARNSHAW

Hareton è il figlio di Hindley. Viene allevato da Heathcliff, che gli nega l'istruzione per vendicarsi dei maltrattamenti subiti dal padre, e il periodo trascorso sotto la custodia di Heathcliff lo trasforma in un uomo burbero e irascibile.

LINTON HEATHCLIFF

Il figlio di Heathcliff è un bambino malaticcio, molto facile da manipolare. È obbediente e non sa nulla della sua famiglia, cosa che il padre usa a suo vantaggio per vendicarsi di Edgar.

Linton sposa Cathy, ma il loro matrimonio viene interrotto quando lui muore poco dopo.

CATHY LINTON

Cathy è una giovane donna impulsiva e piuttosto ribelle che viene risucchiata nel piano di Heathcliff per impadronirsi di Thrushcross Hall. Come parte di questo piano, viene costretta a sposare il figlio di Heathcliff, Linton. Come la madre Catherine, è volitiva, audace e tenace, il che la porta a lavorare per Heathcliff come serva dopo la morte del marito. Durante questo periodo, conosce Hareton Earnshaw e il loro matrimonio li porta a diventare eredi congiunti di Cime Tempestose e Thrushcross Grange.

ANALISI

FORMA

Genere

Un romanzo romantico?

Cime tempestose fu accolto da un'accoglienza critica contrastante al momento della sua pubblicazione, in parte a causa della sua forma insolita, che resisteva alla semplice classificazione secondo le convenzioni di genere dell'epoca. Ancora oggi, non è facile identificare un unico genere che definisca in modo esaustivo il romanzo.

Il Romanticismo è un genere letterario emerso in Germania e in Inghilterra all'inizio del XIX secolo. I tratti distintivi del genere includono la predominanza delle emozioni sulla ragione e la glorificazione dell'individualismo; molte opere romantiche sono quindi incentrate su un protagonista che tende a provare forti emozioni.

Sebbene *Cime tempestose* contenga anche elementi che non sono generalmente associati alla letteratura romantica, le emozioni turbolente dei personaggi e il modo in cui i loro stati d'animo e le loro personalità sono rispecchiati dall'ambiente selvaggio e dal tempo tempestoso sono certamente caratteristiche del Romanticismo. In effetti, sembra che ogni elemento del romanzo sia influenzato dai personaggi e dal loro stato d'animo: ad esempio, le tempeste scoppiano ogni volta che accade qualcosa di estremamente sconvolgente o quando qualcosa va storto, e le case sembrano cadere in rovina di pari passo con la spirale negativa di Heathcliff.

Un'altra caratteristica della narrativa romantica è il fascino dell'alterità. In questo romanzo, questa idea viene esplorata attraverso il personaggio di Heathcliff, che è in costante conflitto con il resto della famiglia perché proviene da un'estrazione sociale ed etnica diversa. Infatti, viene spesso descritto come "mezzo selvaggio", e quindi fondamentalmente diverso dal resto degli Earnshaw. In realtà, si potrebbe anche dire che, dal punto di vista di Hindley, i suoi timori si rivelano alla fine fondati, poiché Heathcliff diventa violento e distrugge la famiglia dall'interno (anche se vale la pena notare che sono i maltrattamenti di Hindley a spingerlo a farlo).

Il romanzo incorpora anche un elemento soprannaturale: Heathcliff e alcuni altri personaggi vedono il fantasma di Catherine dopo la sua morte. Tuttavia, questo aspetto è lasciato ambiguo e il lettore può scegliere di interpretare la sua apparizione come una vera e propria infestazione o semplicemente come un prodotto dell'immaginazione degli altri personaggi a causa dei loro pensieri ossessivi e ricorrenti su di lei.

Un romanzo realista?

Cime tempestose potrebbe anche essere descritto come un romanzo realista, dato che fornisce una rappresentazione realistica della vita rurale nell'Inghilterra del XIX secolo. Il realismo è un movimento letterario emerso nella seconda metà del XIX secolo ed è spesso visto come un rifiuto e un'alternativa all'estetica romantica che aveva dominato l'arte e la letteratura durante la prima metà del secolo.

Le descrizioni accurate delle ambientazioni, dei personaggi, dei comportamenti e degli eventi che il romanzo ritrae permettono ai lettori moderni di capire meglio come fosse quell'epoca. Ad esempio, viene chiarito che l'estrazione sociale ed etnica di Heathcliff – Lockwood lo descrive come "uno zingaro dalla pelle scura nell'aspetto" (p. 3) – era considerata fuori luogo in una famiglia benestante dell'epoca. Ci viene anche mostrato che era molto più difficile porre fine a un matrimonio, dato che Isabella è costretta a sopportare gli abusi e la scontrosità di Heathcliff per un periodo di tempo considerevole, perché divorziare non era un'opzione. I due rimangono legalmente sposati anche dopo che lei lo ha lasciato, cosa che Heathcliff sfrutta a suo vantaggio per impadronirsi dell'eredità di lei.

Struttura

La struttura del romanzo impiega una frame story, ovvero un dispositivo narrativo in cui la storia principale è "annidata" all'interno di un'altra narrazione più ampia.

In questo caso, la storia che fa da cornice è quella del signor Lockwood che chiede alla sua governante di raccontargli del suo padrone di casa Heathcliff. Il romanzo salta poi indietro nel tempo e racconta la storia di Heathcliff dall'inizio, abbandonando temporaneamente il filo narrativo che si concentrava su Lockwood. Questa narrazione annidata segue Heathcliff attraverso l'infanzia e l'adolescenza a Cime Tempestose ed esplora le sue turbolenti relazioni con

Catherine e suo fratello Hindley. Man mano che la storia procede, gli eventi descritti diventano più recenti; l'attenzione si sposta sulle seconde generazioni delle famiglie intestatarie delle due proprietà, finché la narrazione non arriva al presente e torna alla storia di Lockwood.

Tuttavia, nel corso del libro ci sono anche diverse interruzioni in cui la narrazione salta improvvisamente al presente mentre la governante sta raccontando a Lockwood questa storia. Questo accade spesso perché Lockwood è talmente sopraffatto o scioccato dalla storia che chiede una pausa dall'ascolto, durante la quale riflette su tutto ciò che ha scoperto. Lockwood è anche testimone dei risultati disastrosi dell'inestinguibile sete di vendetta del suo padrone di casa e permette al lettore di vedere come Heathcliff si sia ridotto a un'anima misera e infelice che ha perso tutto ciò a cui teneva di più.

Infine, il romanzo si proietta anche nel futuro: come abbiamo già accennato nel sommario, Lockwood decide di tornare a Londra dopo aver appreso la vera natura del suo padrone di casa e le sue azioni. A questo punto, il romanzo si concentra nuovamente sulla seconda generazione di personaggi, la cui storia si interseca con quella di Lockwood: egli torna a Thrushcross Grange e scopre che il passato sta finalmente abbandonando la sua presa sulle due case, poiché tutto il risentimento, il dolore e il desiderio di vendetta che incombevano su di loro come un sudario vengono dissipati con la morte di Heathcliff. Al contrario, sta sbocciando un nuovo amore e la nuova generazione si sta liberando dal circolo vizioso creato dagli errori dei loro padri e sta forgiando insieme un futuro più speranzoso.

Questa linea temporale non lineare permette anche di nascondere informazioni importanti in bella vista: nei primi capitoli del romanzo, quando Lockwood fa visita a Heathcliff, ci sono diversi personaggi sullo sfondo della scena che è molto facile trascurare e che a prima vista sembrano poco importanti. Tuttavia, quando il romanzo torna definitivamente nella prospettiva di Lockwood, mentre la storia si avvia alla conclusione, abbiamo scoperto molte cose su questi personaggi ingannevolmente importanti, che giocano un ruolo fondamentale nella conclusione del romanzo.

TEMI

Simbolismo

Cime tempestose è piena di oggetti e fenomeni che sono impregnati di molteplici significati. Ad esempio, Lockwood ha degli incubi quando dorme nel letto in cui è morta Catherine, e in seguito si scopre che questo letto non è solo il luogo in cui ha esalato l'ultimo respiro, ma anche quello in cui si è rifugiata dalla tirannia del fratello. Heathcliff alla fine muore nello stesso letto dopo diversi giorni di delirio, il che potrebbe essere interpretato come una metafora del modo in cui il loro amore non è stato consumato in vita, ma è abbastanza forte da unirli nella morte.

Il tema della malattia è più di un semplice espediente narrativo e svolge un ruolo estremamente importante nel romanzo: viene utilizzato per approfondire la comprensione di diverse scene e personaggi e porta a molte importanti rivelazioni. Per esempio, se esaminiamo il modo in cui la salute di Catherine si deteriora durante il matrimonio con Edgar, diventa chiaro che questo declino riflette la sua relazione fatiscente con Heathcliff, che ha fatto della distruzione della sua vita e di quella di Edgar la sua missione di vita. Quando rimane incinta del figlio di Edgar, la frattura tra lei e Heathcliff si allarga ulteriormente e i due non sono mai così distanti come quando lei entra in travaglio; di conseguenza, muore durante il parto. La figlia Cathy potrebbe essere vista come il simbolo dello spirito stesso di Catherine, scacciato dal suo corpo dalla disperazione per la consapevolezza che non si unirà mai al suo vero amore.

Infine, le case stesse sono intrise di simbolismo e sono spesso presentate come opposte. Mentre Thrushcross Grange è sempre descritta come tranquilla, familiare e accogliente, Cime Tempestose è descritta come un luogo difficile da raggiungere, inospitale e in rovina. Entrambe le proprietà sono il riflesso dei rispettivi proprietari e quando Heathcliff alla fine rivendica Thrushcross Grange, il suo antico splendore sembra diminuire. Alla fine, entrambe le proprietà rispecchiano il declino di Heathcliff stesso e il suo disprezzo per la propria vita e per quella degli altri.

Relazioni burrascose

Il romanzo descrive una serie di relazioni burrascose, tra cui il rapporto burrascoso di Heathcliff con il fratello adottivo Hindley e il rapporto di Hindley con il padre. I problemi di Hindley con Heathcliff derivano dal fatto che Hindley non capisce perché suo padre voglia portare un altro ragazzo nella loro casa e vede Heathcliff come un rivale per l'affetto di suo padre.

Naturalmente, la relazione più movimentata del romanzo è l'amore contrastato tra Catherine e Heathcliff, che si amano e si feriscono in egual misura, lasciando che il loro orgoglio e la loro testardaggine li allontanino. Il legame speciale che li unisce li porta anche a comprendere profondamente i punti deboli dell'altro:

> *Il mio amore per Linton è come il fogliame del bosco: il tempo lo cambierà, lo so bene, come l'inverno cambia gli alberi. Il mio amore per Heathcliff assomiglia alle eterne rocce sottostanti: una fonte di piacere poco visibile, ma necessaria. Nelly, io sono Heathcliff! Lui è sempre, sempre nella mia mente: non come un piacere, così come io sono sempre un piacere per me stessa, ma come il mio stesso essere* (p. 59).

Il romanzo presenta quindi una serie di colpi di scena: in alcuni momenti siamo portati a credere che la storia d'amore di Heathcliff e Catherine avrà un lieto fine, che si dichiareranno amore reciproco e costruiranno una vita insieme, mentre in altri momenti cominciamo a dubitare che i loro sentimenti reciproci siano autentici e ci chiediamo se non starebbero meglio separati. Questo continuo passaggio tra l'esplorazione di una storia d'amore profonda e tenera e il dramma che sfiora la tragedia fa sì che il romanzo non possa essere necessariamente etichettato come una storia d'amore.

Molti dei maggiori disastri che si verificano nel romanzo, come il fallimento del matrimonio tra Heathcliff e Isabella, sono causati dalle liti tra Heathcliff e Catherine. La relazione tra Isabella e Heathcliff è un altro esempio di amore tempestoso, poiché i voli della fantasia di Isabella la portano a sposare Heathcliff nonostante l'opposizione del fratello. In realtà, il loro matrimonio è del tutto malsano, poiché Isabella sopporta a lungo gli abusi e l'indifferenza di Heathcliff nei suoi confronti.

Edgar e Catherine si amano a modo loro, anche se Heathcliff getta sempre una lunga ombra sul loro rapporto. La loro relazione sembra molto più stabile della maggior parte delle altre nel romanzo, in quanto sono opposti che si completano a vicenda. Tuttavia, le apparenze possono ingannare e, nel profondo, Catherine non ha mai dimenticato il suo primo amore; la sua angoscia per le continue liti e discussioni tra Heathcliff e il marito ne causano addirittura la morte.

Cathy e Linton si trovano intrappolati in un matrimonio combinato ideato da Heathcliff come mezzo per mettere le mani su Thrushcross Grange. Il loro matrimonio rende la vita più difficile per entrambi, anche se Cathy rimane presto vedova quando il giovane e malaticcio marito soccombe a una delle sue malattie.

L'unica storia d'amore del romanzo che non finisce in tragedia è l'ultima a essere introdotta, ovvero quella tra Cathy e Hareton. La loro relazione stabile e sana ha un lieto fine e porta finalmente la pace in entrambe le case.

Dualità

Il romanzo è pieno di elementi opposti che si attraggono e si respingono. I personaggi hanno personalità forti, testarde e appassionate, e amano e odiano con la stessa intensità.

Heathcliff e Hindley sono inizialmente rappresentati come due personaggi totalmente opposti. Tuttavia, man mano che procediamo nel romanzo, vediamo che Heathcliff fa la stessa fine di Hindley, diventando un tiranno alcolizzato, e la degenerazione di entrambi gli uomini in individui burberi e solitari che maltrattano tutti quelli che li circondano è innescata dal dolore per la perdita della donna che amano.

Anche Hareton rispecchia molte delle caratteristiche di Heathcliff: sono entrambi giovani uomini senza famiglia, le cui origini li portano a essere trattati come emarginati a Cime Tempestose. Inoltre, nessuno dei due ha ricevuto un'educazione in gioventù e hanno pessime maniere, ma sono nobili di cuore nonostante la loro natura rozza.

Nel frattempo, anche Isabella e Catherine sono presentate come opposte: Isabella è una moglie sottomessa, incapace di opporsi a Heathcliff e di sfidarlo, mentre le interazioni di Catherine con Heathcliff sono imprevedibili, in quanto non lo teme e lo tratta come un suo pari o addirittura si comporta con arroganza nei suoi confronti. Cathy, come la madre, è impulsiva, testarda e maleducata, così quando alla fine sposa Hareton, la loro relazione sembra quasi rispecchiare la prima storia d'amore che fiorì tra due persone provenienti da questi mondi opposti.

ULTERIORI RIFLESSIONI

ALCUNE DOMANDE SU CUI RIFLETTERE...

- Quali aspetti di *Cime tempestose* possono essere considerati simbolici?

- In che modo il romanzo riflette la società inglese del XIX secolo?

- I due protagonisti del romanzo non riescono mai a stare insieme. Perché è importante e perché questo risultato viene reso evidente al lettore prima della fine del romanzo? Spiegate la vostra risposta.

- Perché è significativo che *Cime tempestose* sia stato scritto da una donna?

- Perché pensi che l'autore abbia usato paralleli e contrasti tra i personaggi per creare un senso di dualità in vari punti del romanzo? Spiegate la vostra risposta.

- Che ruolo hanno i domestici in *Cime tempestose*? Nella vostra risposta, prestate particolare attenzione al fatto che la storia principale è narrata dalla governante.

ULTERIORI LETTURE

EDIZIONE DI RIFERIMENTO

Brontë, E. (1992) *Cime tempestose*. Ware: Wordsworth.

STUDI DI RIFERIMENTO

Bump, J. (1997) La teoria dei sistemi familiari, l'addiction e le *Cumbres borrascosas*. *Stile*. 31(2), pp. 328-350.

Levin, N. (2012) "Io sono Heathcliff!". L'amore paradossale in *Cime tempestose* di Bronte. *Università di Stoccolma*. [Online]. [Accessed 6 April 2018]. Disponibile da: <http://www.diva-portal.org/smash/get/diva2:538526/fulltext01.pdf>

LETTURA CONSIGLIATA

Oates, J. C. (1982) La magnanimità di *Cime tempestose*. *Inchiesta critica*. Vol. 9(2), pp. 435-449.

ADATTAMENTI

Cime tempestose. (1939) [Film]. William Wyler. USA: Samuel Goldwyn Productions.

Cime tempestose. (2009) [serie TV]. Coky Giedroyc. Dir. UK: ITV.

Cime tempestose. (2011) [Film]. Andrea Arnold. Dir. UK: HanWay Film.

Vogliamo sapere da voi!
Lasciate un commento sulla vostra biblioteca online
e condividete i vostri libri preferiti sui social media!

Perché scegliere Must Read?

Scoprite tutto quello che c'è da sapere su un libro, con i nostri riassunti e le nostre analisi concise e approfondite!

Scoprite il meglio della letteratura sotto una luce completamente nuova!

www.50minutes.com

www.50minutes.com

Master ISBN: 9782808690904
ISBN cartaceo: 9782808612302
Deposito legale: D/2023/12603/1510

Copertura: © Primento

Concezione digitale a cura di Primento, il partner digitale degli editori.